Renate Kunst

Kopfblüte

Kopfblüte

Renate Kunst

© 2019 Renate Kunst
Herstellung und Verlag:
BoD- Books on Demand, Norderstedt
I S B N: 9783749481880
Umschlaggestaltung: Renate Kunst
Bildnachweis: Renate Kunst

Ich stelle mich nicht vor

meine Gedanken

sind
und
zeigen
sich,

um mit dem Leser
heute,
oder zu einem späteren
HEUTE
einen
DIALOG
zu führen.

Die Blüte treibt

Das Blatt gibt Ruh

Im Dunkeln

Wurzel

Werden hält nicht.

Werden lässt gehen.

Werden vergeht.

Werden wird langsam.

Werden wartet.

Werden hat Geduld.

Werden hilft.

Werden ist immer Begegnung.

Werden ist Mehrzahl.

Werden ist Gegenwart.

Werden hat Zukunft.

Werden bleibt nicht stehen.

Werden ändert sich.

Werden ist Wollen, wenn man möchte.

Werden ist auch ohne Wollen.

Werden ist Blatt und Blüte.

Immer mehr
lese ich zwischen den Zeilen
und schreibe
auf meinen Lebenslinien.

Das Gleiten wird leichter
und hebt mich
in ungeahnte Höhen.

Noch in Gedanken,
spüre ich
das Tatsächliche.

Es kommt so wirklich,
wie ich da bin.
Nichts wird mehr verdeckt,
zugedeckt, abgedeckt.

Unsichtbares berührt mich.
Unbegreifliches geschieht.
Ungeahntes wird zur Form
in meinem Bewusstsein.

Sein breitet sich aus.

Irratio erfährt
Logik und Klarheit.
Ich begreife.

Schriftzug setzt sich fort
im Angekommensein.
So manche Station füllt die Zeilen.

Haltestellen.
Ausgangspunkte.
Lebensstrecke.
Zeichen
vordergründig
Solitäre,
tiefgründig
Poesie
im Lebensgefüge.

Stillstand
bewegt sich,
wenn es scheinbar nachtet.

Knips Dich an,
wenn die Seele dunkelt,
Farben tauchen auf.

Ohne Norm,
ohne Form
zeichnet das Leben.

Reichtum
schlummert zwischen
den Atemzügen.

Es kommt
auf das Bewegtsein an
zwischen.

Das aufregendste Gefühl
ist wohl das Gefühl der Stille.

Lebendigkeit breitet sich aus und ruht,
wie das Blau des Himmels.

Wie schön kann doch
das Grau des Nebels sein.
Alles ist so eingehüllt
in die Zartheit
des unsichtbaren Lebens.
Nicht unheimlich,
nicht unklar.

Unklar ist nur,
dass man nicht immer
durchblicken kann.

Warum nicht kurz
im Taumel des Lebens
verweilen?
Allzu schnell erscheinen
Konturen.

Tag!

Viel Ungesagtes lebt in mir,
wartet auf das klärende
Schweigen
an deiner Seite,

wartet darauf,
dass du seine ungesagten
Wahrheiten verstehst,
aufnimmst

und mir Antwort gibst
mit deinem Schweigen
an meiner Seite.

Welten trennen mich
von soviel anderen Menschen.

Eine Welt verbindet mich mit dir.

Du kennst sie,
bist hier schon oft gegangen,
hast sie im Traum bereist.

Lass uns eine Weltreise leben
im Traum,
im Auge,
im Sinn,
im Unsinn,
in der Irratio,
in uns.

Die Nacht ist mit mir
und
wartet auf den Morgen.

Das Dunkel zu erleben,
kann
die Sicht wieder erhellen.

Antennen nehmen auf.
Das Auge spricht,
der Mund schweigt.

Schwingungen treten hervor,
gebären Neues,
formen sich,
verschlingen,
verwurzeln sich.

Die Kraft,
sie kommt
aus der Mutter Erde,

grünt,
ist lebendig,
sie wächst.

Ungeschminkt
zeigst du dich dem Leben,
echt in deiner Schönheit.

Hallo Ratio?
Wo ist dein Gefühl?

Hat es sich versteckt,
hinter Zahlen und Fakten in Akten?

Hast du vergessen,
dass es ein Kind der Freiheit ist?

Deine Ratio ist wohl auch nicht mehr
der Garant fürs Leben?

Unter
der Oberfläche

Trieb

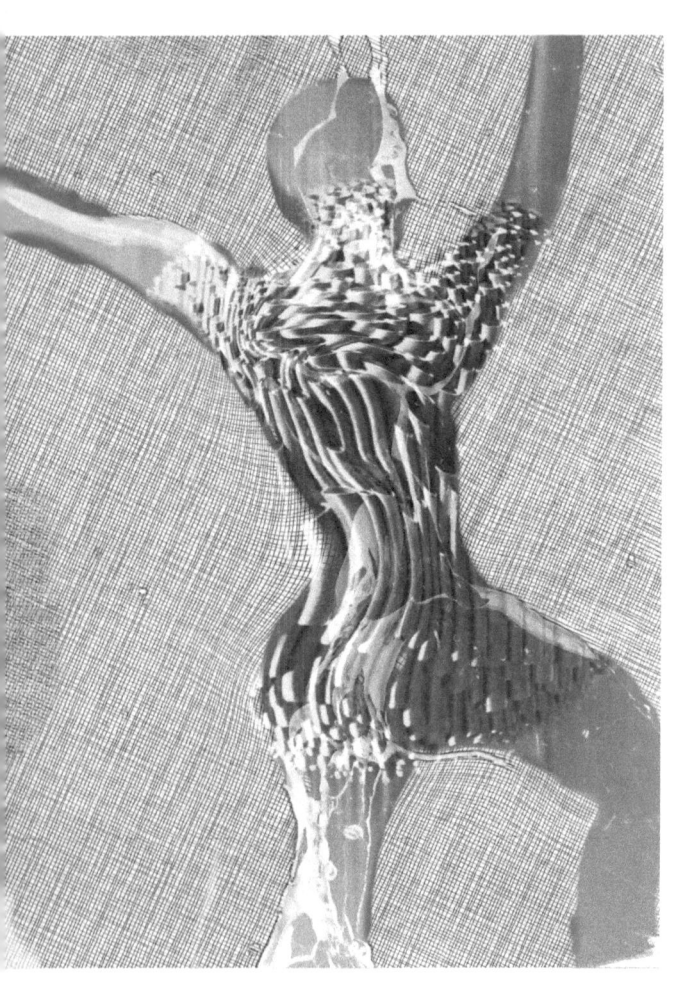

Ich habe ein Rendezvous
mit der Zeit –
kann mir Zeit lassen –
muss mich nicht beeilen,
denn die Zeit ist da.

Trotzdem
will ich sie nicht warten lassen,
will pünktlich sein,
um die Zeit einzuladen,
mit mir zu kommen,
auf ein Stelldichein,
für unbestimmte Zeit –
zeitlos mit der Zeit
verbunden.

Sag,
bist du auch ein Träumer?

Bist du?
Bist du du?

Der Tunnel des Lebens,
rechts oder links
Notausgänge,
Entlüftungsschächte.

Weglaufen? Durchatmen?
Weiterlaufen! Atmen!

Vetraue
den Sicherheitsvorkehrungen.
Sie sind da
und
auch das Licht am Ende des Tunnels.

In der Mitte
musst du dirwohl
das eigene Licht geben.

Ich wühle in der Sandkiste
von morgen
und weiß,
dass ich nur heute bauen kann,
denn, wenn ich morgen wühle,
ist das Heute vom Gestern
bereits verschüttet.

Worte, sind Orte,
in die du dich begibst.
Versuch es.

Nimm deine Ohren als Gefährt.
Eine Reise, die viel verspricht.

Komm,
wir wollen die Orte besprechen.

Ich stehe im Zug zwischen Tür und
Fenster.
Die Möglichkeiten des Hinein oder
Herausgehens sind gegeben.
Wähle ich das Fenster,
behalte ich den Durchblick.
Doch der Luftzug treibt mich
hin und her.
Auch, wenn ich meinen Standpunkt
zwischen Tür und Fenster
nicht verändere,
bewegt der Wind meine Gedanken.
Hin oder her?
Zumachen?
Offen lassen?
Ich schwinge mit,
will keinen steifen Hals bekommen.

Danke, Luftzug!

Es
beflügelt!

Leichtsinn
steigt
über
das
Alltägliche.

Erde
himmelt
zwischen
den
Zonen
der
Zeit.

Abgehobene
Verwurzelung.

Ohrmuschel
Verbindung ohne Band.
Danke, dass du mich hörst.

Geh!
Du gehörst mir nicht.
Du hörst mich.

Bleib, bitte!
Ich möchte dich hören.

Ich geh`!
Ich gehöre dir nicht.
Ich höre dich.

Hören
und gehen
und gehört werden
und werden
und immer in Verbindung.

Tausend
und noch mehr Zeilen
schreibe ich dir

denn ich möchte dir
viel Lesestoff geben
zwischen den Zeilen.

Nimm keine Brille.
Sie verfälscht nur
den Durchblick.

Zu klar sollte man nicht sehen.
Wo bleibt sonst
die Stütze des Fühlens.

Sie setzt alles auf eine Karte.
Herz-Dame!

Aufgedeckt lacht der Herz-König.

Plötzlich sind zwei Karten
im Spiel.
Rien ne vas plus.

Herz ist Trumpf!

Magst du mir zuhören?

Schön, dass du alles andere
ausschaltest,
um unseren Stromkreis
nicht zu unterbrechen.

Ich mag aufhören,
um den Fluss
in die andere Richtung
zu lassen.

Ob das Zusammenhören ist?

Erlaube dir
zu fühlen
in deiner ureigenen
Pragmatik,
in der Exaktheit
deiner Struktur.

Fühlen
hat viele Facetten
und
passt
in viele Raster.

Ordne dich ein,
wenn nötig!

40

An der Oberfläche

Knospe

Balance erdrückt nicht.
Balance schwebt.
Balance hat kein Gewicht
und ist doch
so wichtig,
so wesentlich.

Balance als Wesen
nicht als Form,
formlos, zeitlos, kraftlos,
losgelöst von Kraft
als Anstrengung.

Balance, nicht als Strenge,
sanft, unspürbar,
fühlt es,
nicht sie,
nicht er.

Balance ist ES
strömt, fließt
in kraftvoller Sanftheit.

Augen - Harmonie

Ein wunderbarer Klang.
So unhörbar schwingend
berührt er mein inneres Ohr.

Das äußere Ohr
nimmt Geräusche
nicht mehr wahr.

Es ist in Harmonie.
Es ist innen,
hält inne.

Harmonie - Blicke

Meine Augen sehen.
Ich werde sehend fühlender,
fühlbar sehender.

Augen fühlen.
Sie tasten mit oder ohne Sinn.
Sie werden immer sinnvoller.

Wie schön, Dich zu sehen.

Siehst du den Inhalt?
Hast du auch einen Blick dafür?

Wenn nicht,
lass Deine Sinne tasten.

Balance
signiert die Form,
zelebriert,
taucht auf.

Sanftes Weltbild
entschwindet,
berührt,
bewegt,
begegnet,
bei nahe.

Ich liebe deine Taktlosigkeit,
deinen A-Rhythmus.

Ich fühle
eine Gleichförmigkeit
in der unhörbaren
Ungleichheit.

Lass mich ein + für dein - sein.
Keiner gibt den Takt an.

Gleiche Anziehung,
schnell,
intensiv,
kraftvoll,
energievoll,

ganz.

Hallo Realität!
Hier Poesie.
Bitte kommen!

Hier Realität!
Wann?

Lass dir Zeit,
um die Zeit
in Zeiten zu zeiten.

Aber rechtzeitig.

Erledigt.
In Planung.
Punkt für Punkt.
Raster.
Aufzeichnungen.
Durchführung.
Leben tickt.

Es entblättert,
enthüllt,
zeigt sich
mit Verletzlichkeit.
Innenleben wird sichtbar,
zart
in der offensichtlichen
Stärke.

Kristallisation
breitet sich aus,
entweicht
der Dunkelheit
strahlend.

Hoch oben
treibt sie im Farbspiel.
Geäst trägt.

Zartes Zwitschern
zwischen den Zeilen.

Ein kleiner Schritt.
Alles arrangiert sich.
Potential öffnet Sichtfenster.

Perspektivenwechsel.
Größe zeigt Zartheit,
achtsame Verbeugung,
Hinwendung.

Suchst du einen Graphologen,
um meine Schrift zu entziffern,
zu entwerten?

Dann vergiss die Zeilen
zwischen dir und mir.

Sie wollen nicht zerlegt werden,
sondern als Ganzheit erfasst sein.

Du bist der Spezialist.

Im Licht

Blüte

Du gibst dir Licht.

Atme es aus.
Du hast es in dir

Lass dich tragen
von den Wellen
deines Lebens.

Dein Fruchtwasser
hält dich geborgen,
gibt dir Schutz
und treibt dich weiter.

Vertraue Deinem Element.

Es wird Kreise ziehen,
die Stille wecken,
den Frieden berühren,
Paradiesvögel zeigen
und Frösche auf den Stein setzen.

Immer in der Harmonie
zartester Bewegung
und Berührung.

Es ist liebevollste Begegnung
mit Naturschönheit.

Zaun und Efeu

Deine Geradlinigkeit
lockt mich immer wieder,
dich zu umschlingen,
zu blühen,
mich zu verästeln.

Du hilfst mir
bei der Entfaltung
meines Wachstums.

Danke für den Halt,
den du mir gibst.

Ich bin für dich immergrün.

Eine Ewigkeit
ohne dich
ist ein Moment.

Ein Moment
mit dir
ist eine Ewigkeit.

Was zählt,
ist ein ewiger Moment
mit dir..

Ich schenke dir ein

ANDENKEN.
Ob es einen Gedankengang auslöst,
weiß ich nicht.

Dass du an mich denkst,
ist nicht der Sinn.

Ich möchte,
dass du deine Gedanken
öffnest,
das Tor deiner Empfindungen
durchschreitest,
um zu dir zu kommen,
immer wieder bei dir zu sein.

So könnte das kleine Stück
Miteinander
ein FORTDENKEN werden.

Heute zeigt der Mond
ein freundliches Gesicht.

Er lächelt mich an,
spricht mit mir.

Ich fühle seine Worte,
verstehe sie,
und doch
gibt es keine Sprache,
die diesen Dialog
wiedergeben kann.

Ihr armen Gedanken
hattet so viele Ziele vor Augen,
so viele Wege vor euch.

Kommt nur,
ihr dürft euch erholen.

Das Tor ist offen,
folgt eurer Natur.

Aber bitte kommt wieder,
falls ich euch brauche.

Die Schöpfung
alles Sichtbaren
und Unsichtbaren
ist mein Wegweiser,

legt mir Richtungspfeile,
Prüfsteine in den Weg.

Ich befinde mich
auf dem Weg,

bin noch nicht am Ziel,
kann es jedoch erahnen
in meinem ahnungslosen
Vertrauen.

Es zahlt sich aus
einzutauchen,
zu konturieren
im Kunstspiel
der Erscheinungen.

Kopfblüte,
eine neue Form,
das Feld des Bewusstseins
zum Garten der Erkenntnis
umzugestalten.

Es ist wertvoll,
es ist rücksichtsvoll,
es ist orientiert,
es ist verwirrt,
es ist überall,
es ist zwischen,
es ist endlos,
es ist formlos,
es ist farblos,
es ist transparent,
es ist offen,
es ist mit und ohne.

Darf ich dir eine Frage stellen?

Ja!

Danke!

Die Kunst fragt nicht
nach Zeit und Ort.

Sie erscheint hier oder dort,
wo du sie noch nicht erahnst.

Sie zeigt sich.

Halte sie
in deiner Wahrnehmung,
in deinem Auge,
in deinem Ohr.

Erfasse sie
mit deiner Tastatur.
Schnell entwischt sie.

Halte sie im Augenblick
zwischen den Zeilen,
zwischen den Klängen...

Inhaltsverzeichnis

Seite